www.ingramcontent.com/pod-product-compliance
Lightning Source LLC
LaVergne TN
LVHW010419070526
838199LV00064B/5350
* 9 7 8 9 3 5 8 7 2 6 7 1 8 *

تزکیہ

قرآن کی ایک اصطلاح

(مضامین)

سید جلال الدین عمری

© Syed Jalaluddin Umri

Tazkia : Quran ki aik Istilaah (Essays)
by: Syed Jalaluddin Umri
Edition: June '2024
Publisher :
Taemeer Publications LLC (Michigan, USA / Hyderabad, India)

ISBN 978-93-5872-671-8

9 789358 726718

مصنف یا ناشر کی پیشگی اجازت کے بغیر اس کتاب کا کوئی بھی حصہ کسی بھی شکل میں بشمول ویب سائٹ پر اَپ لوڈنگ کے لیے استعمال نہ کیا جائے۔ نیز اس کتاب پر کسی بھی قسم کے تنازع کو نمٹانے کا اختیار صرف حیدرآباد (تلنگانہ) کی عدلیہ کو ہوگا۔

© سید جلال الدین عمری

کتاب	:	**تزکیہ : قرآن کی ایک اصطلاح**
مصنف	:	**سید جلال الدین عمری**
جمع و ترتیب / تدوین	:	اعجاز عبید
صنف	:	مذہب
ناشر	:	تعمیر پبلی کیشنز (حیدرآباد، انڈیا)
سالِ اشاعت	:	۲۰۲۴ء
صفحات	:	۴۰
سرورق ڈیزائن	:	تعمیر ویب ڈیزائن

فہرست

- (۱) تعارف
- (۲) معنیٰ و مفہوم
- (۳) تزکیہ کے ہم معنیٰ الفاظ
- (۴) دین میں تزکیہ کی اہمیت اور اس کا مقام
- (۵) تزکیہ کا وسیع تصور
- (۶) عقیدہ کا تزکیہ
- (۷) عبادات کا تزکیہ
- (۸) اخلاق کا تزکیہ
- (۹) معاشرت کا تزکیہ
- (۱۰) راہ خدا میں استقامت بھی تزکیہ ہے
- (۱۱) سیاست کا تزکیہ
- (۱۲) تزکیہ خاندانی وراثت نہیں ہے
- (۱۳) تزکیہ کی طلب ضروری ہے
- (۱۴) شیطان کی اطاعت سے احتراز کیا جائے
- (۱۵) تزکیہ پر غرور نہ ہو
- (۱۶) تزکیہ اپنے فائدے کے لیے ہے
- (۱۷) تزکیہ کی سعی کی جائے
- (۱۸) رسول اللہ ﷺ نے امت کا تزکیہ فرمایا
- (۱۹) تزکیہ اللہ عطا کرتا ہے

حواشی

تعارف

'تزکیہ' قرآن مجید کی ایک اصطلاح ہے۔ رسول اللہ ﷺ کی بعثت کے مقاصد میں سے یہ ایک اہم اور بنیادی مقصد ہے۔ حضرت ابراہیمؑ نے خانۂ کعبہ کی تعمیر کے وقت دعا فرمائی تھی کہ اے اللہ مجھے اور میرے بیٹے اسمٰعیل کو مسلم اور اپنا فرماں بردار بنائے رکھ اور ہماری ذریّت سے امت مسلمہ برپا فرما۔ آگے دعا کے الفاظ یہ ہیں۔

رَبَّنَا وَابْعَثْ فِيهِمْ رَسُولاً مِّنْهُمْ يَتْلُو عَلَيْهِمْ آيٰتِكَ وَيُعَلِّمُهُمُ الْكِتٰبَ وَالْحِكْمَةَ وَيُزَكِّيْهِمْ إِنَّكَ أَنتَ الْعَزِيْزُ الْحَكِيْمُ (البقرہ:۱۲۹)

اے ہمارے رب، ان لوگوں میں خود انھی کی قوم سے ایک رسول اُٹھا، جو انھیں تیری آیات سنائے، ان کو کتاب اور حکمت کی تعلیم دے اور ان کا تزکیہ کرے۔ تو بڑا مقتدر اور حکیم ہے۔

یہ سورۂ بقرہ کی آیت ہے۔ اسی سورہ میں آگے چل کر فرمایا۔

كَمَا أَرْسَلْنَا فِيْكُمْ رَسُولاً مِّنكُمْ يَتْلُو عَلَيْكُمْ آيٰتِنَا وَيُزَكِّيْكُمْ وَيُعَلِّمُكُمُ الْكِتٰبَ وَالْحِكْمَةَ وَيُعَلِّمُكُم مَّا لَمْ

تَكُونُواْ تَعْلَمُونَ۔(البقرہ:۱۵۱)

جس طرح ہم نے تمہارے درمیان خود تم میں سے ایک رسول بھیجا، جو تمھیں ہماری آیات سناتا ہے، تمہارا تزکیہ کرتا ہے، تمھیں کتاب اور حکمت کی تعلیم دیتا ہے اور تمھیں وہ باتیں سکھاتا ہے جو تم نہ جانتے تھے۔

اس کا مطلب یہ ہے کہ اللہ تعالیٰ نے حضرت ابراہیمؑ کی دعا قبول فرمائی اور جن مقاصد کے لیے دعا کی گئی تھی ان کی تکمیل کے لیے رسول اللہ ﷺ کی بعثت ہوئی۔

رسول اللہ ﷺ کی بعثت کے یہ مقاصد سورۂ آل عمران (آیت:۱۶۴) اور سورۂ جمعہ (آیت:۲) میں بھی بیان ہوئے ہیں۔

معنیٰ و مفہوم

'تزکیہ' کا مادہ (اصل) زکیٰ ہے۔ اس کے معنی ہیں بڑھنا، نشو و نما پانا، خیر و صلاح اور تقویٰ کا پایا جانا، عبادت اور پاکیزگی کا حاصل ہونا۔ اس میں خودستائی اور اپنی نیکی کے اظہار و اعلان کے معنی بھی پائے جاتے ہیں۔ ان تمام ہی معنوں میں قرآن و حدیث میں اس کا استعمال ہوا ہے۔[1]

اس پہلو سے تزکیہ یہ ہے کہ آدمی کی فکری و عملی کمزوریاں، جو اسے پستی اور زوال کی طرف لے جاتی ہیں دور ہوں اور اس کے اندر صحیح فکر اور اخلاق و تقویٰ کی خوبیاں جلوہ گر ہوں، جن سے اس کی شخصیت کا ارتقا ہو سکتا اور وہ اعلیٰ مدارج طے

کر سکتا ہے۔ قرآن مجید میں ہے۔

قَدْ اَفْلَحَ مَنْ زَكّٰهَا۔ وَقَدْ خَابَ مَنْ دَسّٰهَا(الشمس:۹-۱۰)

یقیناً فلاح پا گیا وہ جس نے نفس کا تزکیہ کیا اور نامراد ہوا وہ جس نے اس کو دبا دیا۔

یہاں تزکیہ کے بالمقابل 'تدسیہ' کا لفظ آیا ہے۔ 'تزکیہ' میں نشو و نما پانے اور ابھرنے کا تصور ہے اس کے برخلاف 'تدسیہ' یہ ہے کہ کسی چیز کو ابھرنے نہ دیا جائے اور اسے دبا دیا جائے۔ زمخشری کہتے ہیں:

التزكية الإنماء والإعلاء بالتقوىٰ والتدسية النقص والإخفاء بالفجور ؎۲

تزکیہ کے معنی ہیں تقویٰ کے ذریعہ شخصیت کو نمو دینا اور بلند کرنا۔ (اس کے برعکس) فسق و فجور کے ذریعہ شخصیت میں نقص پیدا کرنے اور اسے چھپا دینے کا نام 'تدسیہ' ہے۔

اس کا مطلب یہ ہے کہ آدمی کا اپنی شخصیت کو نیکی اور تقوی کے ذریعہ اوپر اٹھانا 'تزکیہ' ہے۔ 'تدسیہ' یہ ہے کہ آدمی ضلالت و گمرہی اور اخلاقی پستی میں پڑا رہے اور اپنی شخصیت کو ابھرنے نہ دے۔

تزکیہ کے ہم معنٰی الفاظ

تزکیہ کے معنی میں 'تطہیر' کا لفظ بھی آیا ہے، حضرت مریمؑ کے متعلق ارشاد ہے:

اِنَّ اللّٰہَ اصْطَفٰکِ وَطَھَّرَکِ وَاصْطَفٰکِ عَلٰی نِسَاءِ الْعَالَمِیْنَ۔ (آل عمران:۴۲)

اللہ نے تجھے برگزیدہ کیا اور پاکیزگی عطا کی اور تمام دنیا کی عورتوں پر تجھ کو ترجیح دے کر اپنی خدمت کے لیے چن لیا۔

آیت میں لفظ 'طَھَّرَکِ' آیا ہے، اس کا مصدر 'تطہیر' ہے۔ اس کا مطلب یہ ہے کہ اللہ تعالیٰ نے حضرت مریمؑ کو تمام اخلاقی کم زوریوں سے پاک کیا اور ان کے اندر نیکی، تقویٰ اور عفت و عصمت جیسی خوبیاں پیدا فرمائیں۔ یہی تزکیہ ہے۔

ازواجِ مطہرات کے متعلق ارشاد ہے:

اِنَّمَا یُرِیْدُ اللّٰہُ لِیُذْہِبَ عَنْکُمُ الرِّجْسَ اَہْلَ الْبَیْتِ وَیُطَہِّرَکُمْ تَطْہِیْراً۔ (الاحزاب:۳۳)

اللہ تو یہ چاہتا ہے کہ تم اہلِ بیتِ نبیؐ سے گندگی کو دور کرے اور تمھیں پوری طرح پاک کر دے۔

آیت میں 'رجس' کا لفظ آیا ہے۔ اس کا استعمال گندگی، میل کچیل، قبیح حرکت، حرام اور کفر جیسی فکری و عملی خرابیوں کے لیے ہوتا ہے۔ یہاں اس سے مراد دینی اور اخلاقی کمزوریاں ہیں۔ آیت کا مطلب یہ ہے کہ اللہ تعالیٰ ازواجِ مطہرات کو ہر قسم کی دینی اور اخلاقی کم زوریوں سے پوری طرح پاک کرنا چاہتا ہے۔ اس کے لیے 'تطہیر' کا لفظ آیا ہے۔ تزکیہ اسی کا نام ہے۔

وضو اور تیمم کے احکام کے ذیل میں ارشاد ہے۔

مَا یُرِیْدُ اللّٰہُ لِیَجْعَلَ عَلَیْکُم مِّنْ حَرَجٍ وَلَکِن یُرِیْدُ لِیُطَہِّرَکُمْ وَلِیُتِمَّ نِعْمَتَہُ عَلَیْکُمْ لَعَلَّکُمْ تَشْکُرُونَ۔

(المائدہ:٦)

اللہ تم پر زندگی کو تنگ نہیں کرنا چاہتا، مگر وہ چاہتا ہے کہ تمھیں پاک کرے اور اپنی نعمت تم پر تمام کر دے۔ شاید کہ تم شکر گزار بنو۔

وضو اور تیمم کے ذریعہ آدمی کو جسمانی پاکی حاصل ہوتی ہے اور وہ نماز اور تلاوت جیسی عبادات کے ادا کرنے کے قابل ہوتا ہے۔ اسی طرح وہ گناہوں سے بھی پاک ہوتا ہے۔ یہاں 'تطہیر' کے ذریعہ ان دونوں ہی باتوں کی طرف اشارہ ہے۔ یہی تزکیہ ہے۔

قرآن مجید میں ایک جگہ تطہیر اور تزکیہ کے الفاظ ایک ساتھ ہم معنی کے طور پر بھی آئے ہیں۔ (التوبۃ:١٠٣)

تزکیہ کے لیے 'تربیت' کی اصطلاح بھی استعمال ہوتی ہے۔ تربیت کے معنی ہیں:

انشاء الشیئ حالاً فحالاً الی حد التمام۔[٣]

کسی چیز کو ایک حالت سے دوسری حالت میں اس طرح پہنچانا کہ وہ حد کمال کو پہنچ جائے۔

اللہ تعالیٰ کی ذات کو اسی معنی میں 'ربّ' کہا جاتا ہے کہ وہ جس مخلوق کی جس مرحلۂ حیات میں جو حاجت ہے وہ پوری کرتا اور اسے درجۂ کمال تک پہنچاتا ہے۔ تزکیہ کا عمل بھی اسی طرح انجام پاتا ہے۔ تربیت ہی سے مربّی کا لفظ نکلا ہے۔ مربی اس شخص کو کہا جاتا ہے جو ماتحت فرد یا افراد کی نگرانی کرتا اور اس میں جو کمزوری یا خرابی پائی جائے اس کی اصلاح کرتا ہے۔

'تزکیہ' خدا پرستانہ زندگی گزارنے کا نام ہے۔ اس لیے اسے تقویٰ بھی کہا گیا ہے۔ چناں چہ سورۃ الّیل میں ہے:

وَسَيُجَنَّبُهَا الْاَتْقَى، اَلَّذِی يُؤْتِی مَالَهُ يَتَزَكّٰى۔ (اللیل :۱۷-۱۸) ۴

اور اس (آگ) سے دور رکھا جائے گا وہ نہایت پرہیز گار جو پاکیزہ ہونے کی خاطر اپنا مال دیتا ہے۔

دین میں تزکیہ کی اہمیت اور اس کا مقام

حضرت ابراہیمؑ نے اپنی اور حضرت اسمٰعیلؑ کی ذریت میں ایک پیغمبر کی بعثت کی جو دعا کی تھی، اس کے مقاصد میں تلاوت آیات، تعلیم کتاب و حکمت اور تزکیہ کا ذکر ہے۔ (البقرہ:۱۲۹) یہ در حقیقت اس بات کی طرف اشارہ ہے کہ تلاوت آیات اور تعلیم کتاب و حکمت کی اصل غرض علمی اور عملی تزکیہ ہے۔ حضرت ابراہیمؑ کی دعا کے نتیجہ میں رسول اللہ ﷺ کی بعثت کا جہاں ذکر ہے وہاں تلاوت آیات کے فوراً بعد تزکیہ کا ذکر ہے (البقرہ:۱۵۱) اس لیے کہ اصل غرض و غایت تزکیہ ہی ہے۔ تعلیم کتاب و حکمت اسی کے لیے ہے۔ قاضی بیضاوی کہتے ہیں: 'اصل مقصد تزکیہ ہے' اس لیے اسے یہاں مقدم رکھا گیا۔ حضرت ابراہیمؑ کی دعا میں اس کا ذکر آخر میں آیا ہے، اس لیے کہ یہ نتیجہ کے طور آخر ہی میں حاصل ہوتا ہے۔ ۵

اس سے دو باتیں ابھر کر سامنے آتی ہیں۔

ایک یہ کہ تزکیہ کی بنیاد، تلاوت آیات، تعلیم کتاب و حکمت پر ہونی چاہئے۔

اس کے بغیر حقیقی تزکیہ حاصل نہیں ہو سکتا۔ اس راہ سے ہٹ کر کسی اور طریقہ سے جو تزکیہ ہو اس کا اسلام کے نزدیک کوئی اعتبار نہ ہو گا۔

دوسری بات یہ کہ اگر تلاوت آیات ہو، کتاب اللہ کی تعلیم ہو اور اس کے اسرار و معارف اور حکمتوں کا بیان بھی ہو اور تزکیہ نہ ہو تو ان کی حقیقی غرض و غایت پوری نہ ہو گی۔ وہ ایک ایسی تگ و دو ہو گی جس میں نشانات راہ کو منزل سمجھ لیا جائے۔

تزکیہ کا وسیع تصور

تزکیہ، اس کے مادّے زکیٰ اور ان کے مشتقات کا استعمال قرآن مجید میں مختلف مواقع پر ہوا ہے۔ ان سب پر ایک نظر ڈالنے سے یہ حقیقت ابھر کر سامنے آتی ہے کہ تزکیہ کا مطلب کسی ایک شعبۂ حیات کی اصلاح اور اس کا خامیوں سے پاک ہونا اور اس میں خوبیوں کا پایا جانا نہیں ہے، بلکہ پوری زندگی کا تزکیہ ہے۔ اگر عبادات کا تزکیہ ہو جائے اور گھر اور خاندان میں اس کے منافی رویہ اختیار کیا جائے تو یہ ناقص تزکیہ ہو گا۔ اسی طرح آدمی کے اخلاق سنور جائیں اور اس کے معاملات میں فساد پایا جائے تو یہ بھی تزکیہ کی کمی ہو گی۔ قرآن کی تعلیمات کی رو سے تزکیہ ایک ہمہ جہت اور جامع عمل ہے اور انفرادی و اجتماعی ہر پہلو سے اصلاح و تربیت کا نام ہے۔

عقیدہ کا تزکیہ

تزکیہ کا اولین مرحلہ عقیدے اور فکر کی اصلاح ہے۔ اللہ کے پیغمبر اسی سے

تزکیہ کا آغاز کرتے ہیں۔ قرآن مجید کی ابتدائی سورتوں میں ایک سورۂ اعلیٰ بھی ہے۔ اس میں رسول اللہ ﷺ کو تذکیر اور نصیحت کا حکم دیا گیا اور کہا گیا کہ جس کسی کے اندر اس سے خوف اور خشیت پیدا ہو گی وہ فائدہ اٹھائے گا اور جو کوئی بد قسمت ہے وہ اس سے دور ہی رہے گا اور آتش جہنم کا مستحق ہو گا (الاعلیٰ: ۹-۱۳)

اس کے بعد فرمایا:

قَدْ اَفْلَحَ مَنْ تَزَكّٰى (الاعلیٰ: ۱۴)

فلاح پا گیا وہ جس نے تزکیہ اختیار کیا۔

مکہ کے ابتدائی دور میں تزکیہ کے اندر بنیادی طور پر یہ بات داخل تھی کہ آدمی شرک اور بت پرستی سے بالکلیہ دست بردار ہو جائے، توحید خالص کا عقیدہ اس کے دل و دماغ میں رچ بس جائے اور وہ معصیت کو چھوڑ کر اللہ کی اطاعت کی راہ اختیار کر لے۔ حضرت عبد اللہ بن عباسؓ اس کے معنی بیان کرتے ہیں۔ تزکّٰی من الشرک۔ یعنی کامیاب ہوا وہ جس نے شرک سے پاکی اختیار کی۔

مفسر امام ابن جریر طبری نے اس آیت کی تشریح ان الفاظ میں کی ہے:

قد نجح وادرک طلبتہ من تطھّرمن الکفر ومعاصی اللہ وعمل بما أمرہ اللہ بہ فأدّی فرائضہ [6]

بے شک وہ کامیاب ہوا اور اپنی مراد کو پا لیا جس نے کفر اور اللہ کی معصیتوں سے پاکی حاصل کی، اللہ نے جن امور کا حکم دیا ان پر عمل کیا اور اس کے بتائے فرائض ادا کیے۔

اس سلسلہ میں ایک روایت بھی حافظ ابو بکر بزّار نے نقل کی ہے۔ حضرت

جابرؓ ابن عبد اللہ فرماتے ہیں کہ رسول اللہ ﷺ نے 'قد افلح من تزکیٰ' کے ذیل میں ارشاد فرمایا:

من شہد ان لا الٰہ الا اللّٰہ وخلع الانداد وشہد انّی رسول اللّٰہ۔ ۷

جس نے شہادت دی کہ اللہ کے سوا کوئی معبود نہیں۔ جن چیزوں کو اس کا مد مقابل ٹھہرایا جاتا ہے ان سے علیحدگی اختیار کی اور اس بات کی گواہی دی کہ میں اللہ کا رسول ہوں۔

جلالین میں 'تزکیٰ' کی تشریح 'تطہّر بالایمان' سے کی گئی ہے ۸۔ یعنی کامیاب وہ ہوا جس نے ایمان کے ذریعہ پاکی حاصل کی۔

قرطبی میں ہے:

ای من تطہّر من الشرک بایمان ۹

یعنی وہ جو ایمان کے ذریعہ شرک سے پاک ہوا۔

مکہ کے ابتدائی دور میں جو سورتیں نازل ہوئیں ان میں سورہ الشمس بھی ہے۔ اس میں بھی یہ مضمون بیان ہوا ہے۔ ارشاد ہے:

قَدْ اَفْلَحَ مَنْ زَكّٰىهَا۔ وَقَدْ خَابَ مَنْ دَسّٰىهَا۔ (الشمس:۹-۱۰)

یقیناً فلاح پا گیا وہ جس نے نفس کا تزکیہ کیا اور نامراد ہوا وہ جس نے اس کو دبا دیا۔

مطلب یہ کہ وہ شخص فلاح یاب اور کامیاب ہوا جس نے نیکی اور تقویٰ کے ذریعہ اپنی شخصیت کو ترقی دی اور اعلیٰ مدارج تک رسائی حاصل کی۔ اس کے برعکس

ناکام اور نامراد ہوا وہ جس نے غلط عقیدہ و فکر اور بد اعمالیوں سے اپنی ذات کو ابھر نے نہ دیا اور اسے تہہ خاک کر کے رکھ دیا۔ علامہ شوکانی کہتے ہیں۔

من زکّیٰ نفسہ وأنما ہا وأعلاہا بالتقویٰ فاز بکل مطلوب وظفر بکل محبوب... وخسر من أضلّہا وأغواہا وأخملہا ولم یشہر ہا بالطاعۃ والعمل الصالح۔[۱۰]

جس نے تقویٰ کے ذریعہ اپنے نفس کا تزکیہ کیا، اسے نشو و نما دیا اور اوپر اٹھایا اس نے ہر مطلوب پالیا اور کامیاب رہا۔ لیکن وہ شخص خسارے میں رہا جس نے اسے گم راہ کیا اور بھٹکایا، اسے بجھایا اور اللہ کی اطاعت اور عمل صالح کے ذریعہ اسے ابھر نے اور نمایاں ہونے نہ دیا۔

یہ مکی سورتوں کی بعض آیات ہیں۔ ان کے علاوہ دیگر مکّی سورتوں میں بھی مختلف مناسبتوں سے تزکیہ کا ذکر ہے۔ ان میں عقیدہ اور فکر کے تزکیہ کا پہلو نمایاں ہے۔ مدنی سورتوں میں بھی تزکیہ کی ہدایات موجود ہیں۔ ان میں سے بعض میں عقیدہ اور فکر کی اصلاح کا صاف ذکر پایا جاتا ہے۔ سورۂ جمعہ میں ارشاد ہے:

ہُوَ الَّذِیْ بَعَثَ فِی الْاُمِّیّٖنَ رَسُوْلًا مِّنْہُمْ یَتْلُوْ عَلَیْہِمْ اٰیٰتِہٖ وَیُزَکِّیْہِمْ وَیُعَلِّمُہُمُ الْکِتٰبَ وَالْحِکْمَۃَ وَاِنْ کَانُوْا مِنْ قَبْلُ لَفِیْ ضَلٰلٍ مُّبِیْنٍ۔(الجمعہ:۲)

وہی ہے جس نے امیوں کے اندر ایک رسول خود انہی میں سے اُٹھایا، جو انھیں اُس کی آیات سناتا ہے، ان کا تزکیہ کرتا اور ان کو کتاب اور حکمت کی تعلیم دیتا ہے، حالاں کہ اس سے پہلے وہ کھلی گمراہی میں پڑے ہوئے تھے۔

اس آیت میں اللہ تعالیٰ کے ان عظیم احسانات کا ذکر ہے جو اس نے اپنے پیغمبر

حضرت محمد ﷺ کے ذریعہ ایک 'امّی' قوم پر کئے۔ یہ احسانات وقتی نہیں دائمی تھے۔ 'امّی' اس شخص کو کہا جاتا ہے جو لکھنا پڑھنا نہ جانتا ہو۔ امام راغب کہتے ہیں:

الامّی ہو الذی لایکتب ولایقرأ من کتاب

امّی وہ ہے جو نہ لکھ سکے اور نہ کوئی کتاب پڑھ سکے۔

اس میں غفلت اور جہالت کا تصور بھی ہے۔ [۱۱]

'امّی' یہاں اہلِ عرب کو کہا گیا ہے۔ ان کی دورِ جاہلیت کی کیفیت بیان ہوئی ہے کہ وہ 'ضلال مبین' (کھلی ضلالت) میں مبتلا تھے۔ اس سے اصلاً مراد شرک اور دینِ حق سے بے خبری اور فسق و فجور کی زندگی ہے۔ عقیدے اور عمل کی اس ضلالت سے نکالنا 'تزکیہ' ہے۔ زمخشری نے 'وَیُزَکِّیھِمْ' کی تشریح ان الفاظ میں کی ہے۔

یطھّرہم من الشرک وخبائث الجاہلیۃ [۱۲]

آپ انہیں شرک سے اور جاہلیت کی خباثتوں سے پاک کرتے ہیں۔

قاضی شوکانی کہتے ہیں:

یزکّیہم ای یطھّرہم من دنس الکفر والذنوب وسیئ الاخلاق وقیل یجعلہم أذکیاء القلوب بالإیمان۔ [۱۳]

آپ ان کا تزکیہ کرتے ہیں، یعنی انہیں کفر اور گناہوں کے میل کچیل اور برے اخلاق سے پاک کرتے ہیں۔ اس کے یہ معنی بھی بیان ہوئے ہیں کہ آپ ان کو ایمان کے ذریعہ ذکی القلب (پاک دل) بناتے ہیں۔

سورۂ آل عمران میں یہی بات اہل ایمان پر اللہ کے احسان کی حیثیت سے بیان ہوئی ہے۔ ارشاد باری ہے۔

لَقَدْ مَنَّ اللّٰہُ عَلَی الْمُؤمِنِیْنَ إِذْ بَعَثَ فِیْہِمْ رَسُولاً مِّنْ اَنفُسِہِمْ یَتْلُو عَلَیْہِمْ آیٰتِہِ وَیُزَکِّیْہِمْ وَیُعَلِّمُہُمُ الْکِتٰبَ وَالْحِکْمَۃَ وَإِن کَانُواْ مِن قَبْلُ لَفِیْ ضَلاَلٍ مُّبِیْنٍ۔

(اٰل عمران:۱۶۴)

در حقیقت اہل ایمان پر تو اللہ نے یہ بہت بڑا احسان کیا ہے کہ ان کے درمیان خود انہی میں سے ایک ایسا پیغمبر اُٹھایا جو اس کی آیات انھیں سناتا ہے، اُن کا تزکیہ کرتا ہے اور ان کو کتاب اور دانائی کی تعلیم دیتا ہے، حالاں کہ اس سے پہلے یہی لوگ صریح گمراہیوں میں پڑے ہوئے تھے۔

یعنی اہل ایمان پر اللہ تعالیٰ کا یہ بہت بڑا احسان ہے کہ اس نے اپنے پیغمبر کے ذریعہ انہیں اس صریح ضلالت سے نکالا جس میں وہ پڑے ہوئے تھے۔ یہ ضلالت فکر و عقیدہ اور اخلاق و کردار ہر طرح کی تھی۔ تزکیہ اسی سے نکالنے کا نام ہے۔

زمخشری نے اس کی تشریح ان الفاظ میں کی ہے:

ویطھرہم من دنس القلوب بالکفر ونجاسۃ سائر الجوارح بملابسۃ المحرمات و سائر الخبائث [۱۴]

کفر کی وجہ سے دلوں میں جو گندگی پیدا ہو جاتی ہے اس سے آپ انہیں پاک کرتے ہیں۔ (اسی طرح) محرمات اور خباثتوں میں آلودہ ہونے کی وجہ سے اعضاء و جوارح کو جو نجاست لاحق ہو جاتی ہے اسے دور فرماتے ہیں۔

یہی بات قاضی بیضاوی نے مختصر الفاظ میں کہی ہے:

یطھّر ہم من دنس الطباع وسوء الاعتقاد والاعمال

۱۵

آپ انہیں طبیعتوں کی گندگی اور بد اعتقادی اور بد عملی سے پاک کرتے ہیں۔

عبادات کا تزکیہ

تزکیہ عبادات کا بھی ہوتا ہے اور عبادات سے تزکیہ حاصل بھی ہوتا ہے۔

سورۂ اعلیٰ میں ارشاد ہے:

قَدْ اَفْلَحَ مَنْ تَزَکّیٰ وَذَکَرَ اسْمَ رَبِّہٖ فَصَلّٰی (الاعلیٰ: ۱۴-۱۵)

فلاح پا گیا وہ جس نے تزکیہ اختیار کیا اور اپنے رب کا نام یاد کیا پھر نماز پڑھی۔

اس میں تزکیہ کو فلاح کا ذریعہ قرار دینے کے ساتھ اس کی ایک عملی شکل بھی بیان کر دی گئی ہے۔ وہ یہ کہ آدمی اللہ کا ذکر کرے اور اس کا نام لیتا رہے۔ اس کی بہترین صورت وہ اوراد اور دعائیں ہیں جن کا رسول اللہ ﷺ شب و روز اور ہر موقع پر اہتمام فرماتے تھے اور جو صحیح احادیث سے ثابت ہیں۔ اللہ کا نام لینے اور اسے یاد کرنے کا سب سے اعلیٰ و ارفع ذریعہ نماز ہے۔ اسی وجہ سے ذکرِ رب کے فوراً بعد نماز کا تذکرہ ہے۔ نماز کے بغیر تزکیہ کا تصور نہیں ہے۔ نماز میں سجدہ ہے اور سجدہ اللہ سے قربت کا سب سے بڑا ذریعہ ہے۔ حکم ہے وَاسْجُدْ وَاقْتَرِبْ (العلق: ۱۹) سجدہ کرو اور قریب ہو جاؤ۔

زکوٰۃ میں تزکیہ کا مفہوم موجود ہے، اس لیے کہ دونوں کا مادہ ایک ہے۔ زکوٰۃ سے مال پاک بھی ہوتا ہے اور اس میں خیر و برکت اور نشو و نما بھی ہوتی ہے۔ ۱۶

رسول اللہ ﷺ کو حکم ہے۔

خُذْ مِنْ اَمْوَالِهِمْ صَدَقَةً تُطَهِّرُهُمْ وَتُزَكِّيْهِمْ بِهَا (التوبہ: ۱۰۳)

آپ ان کے اموال میں سے صدقہ قبول کر کے ان کی تطہیر اور تزکیہ فرمائیں۔

اس کا مطلب یہ ہے کہ صدقات اگر صحیح ہاتھوں میں پہنچیں تو اس سے تطہیر اور تزکیہ حاصل ہوتا ہے۔

روزے کا مقصد لَعَلَّكُمْ تَتَّقُوْنَ (البقرہ: ۱۸۳) یعنی تاکہ تم میں تقویٰ پیدا ہو، کے الفاظ میں بیان ہوا ہے۔ یعنی اس سے امید کی جاسکتی ہے کہ آدمی گناہوں سے بچے گا اور خدا پرستی کی راہ اختیار کرے گا۔ تقویٰ ہی کا دوسرا نام تزکیہ ہے۔

اخلاق کا تزکیہ

اللہ تعالیٰ کے رسولوں کے فرائض میں اعلیٰ اخلاق کی تعلیم بھی شامل رہی ہے ۔ وہ اخلاق عالیہ کا درس ہی نہیں دیتے، بلکہ انسان کی سیرت کو پاکیزگی اور رفعت بھی عطا کرتے ہیں۔ قرآن مجید نے مکارم اخلاق کی ترغیب دی ہے اور اخلاق کی بلندی کو اہلِ ایمان کا ایک نمایاں وصف قرار دیا ہے۔ وہ رذائل اخلاق سے ان کے دامن کو پاک دیکھنا چاہتا ہے۔ اس کے نزدیک اعلیٰ اخلاق کا سرچشمہ ایمان ہے۔ صحیح معنی میں ایمان کی دولت نصیب ہو تو زندگی کے ہر گوشہ میں رذائل سے پاک اور انتہائی

شائستہ کردار وجود میں آتا ہے۔ یہ دراصل تزکیہ ہی کا ایک پہلو ہے۔ غضِّ بصر اور عفت و عصمت کے ذریعہ انسان بلندی کردار کا ثبوت فراہم کرتا ہے۔ یہ اخلاق کا تزکیہ ہے۔ قرآن نے اہل ایمان کو ہدایت کی ہے:

قُل لِّلْمُؤْمِنِيْنَ يَغُضُّوا مِنْ اَبْصَارِہِمْ وَيَحْفَظُوا فُرُوجَہُمْ ذَلِكَ اَزْكَىٰ لَہُمْ إِنَّ اللّٰہَ خَبِيْرٌ بِمَا يَصْنَعُونَ(النور:۳۰)

مومنوں سے کہو کہ وہ اپنی نگاہیں نیچی رکھیں اور اپنی شرم گاہوں کی حفاظت کریں۔ اس میں ان کے لیے زیادہ پاکیزگی ہے۔ بے شک اللہ، جو کچھ وہ کرتے ہیں ،اس سے باخبر ہے۔

آنکھوں کا بھٹکنا بدکاری کا پیش خیمہ ہے۔ اس سے ناجائز تعلقات کی راہیں کھلتی ہیں۔ اسی لیے غضِّ بصر کا حکم دیا گیا ہے۔ غضِّ بصر کے معنٰی ہیں آنکھوں کو جھکا لینا یا بند کر لینا۔ اس پر عمل ہو تو بدکاری سے بچا جا سکتا ہے۔ اس کے متعلق فرمایا: ذٰلِک ازکٰی لھم، (یہ ان کے لیے زیادہ پاکیزہ طریقہ ہے) ازکیٰ اور تزکیہ کا مادہ ایک ہے۔ اس میں طہارت اور پاکیزگی کا تصور پایا جاتا ہے۔

معاشرت کا تزکیہ

تزکیہ کی وسعت میں معاشرت کا تزکیہ بھی شامل ہے۔ ایک جگہ ارشاد ہے کہ جو عورتیں طلاق (بائنہ) کے بعد سابقہ شوہروں سے باہم رضامندی سے اور دستور کے مطابق نکاح کرنا چاہیں تو انہیں اس سے باز نہ رکھو۔ اللہ اور آخرت پر ایمان رکھنے والوں کو اس کی نصیحت کی جارہی ہے۔ اس کے بعد فرمایا:

ذَٰلِكُمْ أَزْكَىٰ لَكُمْ وَأَطْهَرُ وَاللَّهُ يَعْلَمُ وَأَنتُمْ لَا تَعْلَمُونَ(البقرہ:۲۳۲)

یہ تمہارے لیے زیادہ پاکیزہ اور زیادہ صاف ستھرا طریقہ ہے۔ اللہ جانتا ہے اور تم نہیں جانتے۔

آیت میں 'ازکیٰ وا طھر' کے الفاظ استعمال ہوئے ہیں۔ ان کا جو مادہ ہے وہی تزکیہ اور تطہیر کا بھی ہے۔ آیت کا مطلب یہ ہے کہ مطلقہ عورت کو نکاح سے نہ روکنا اس کی اور معاشرہ کی پاکیزگی کا بہترین ذریعہ ہے۔ اس سے اخلاق کی حفاظت ہوتی ہے اور بے راہ روی کے امکانات کم ہو جاتے ہیں۔ یہی تزکیہ کا مقصد ہے۔

آدابِ معاشرت کے ذیل میں فرمایا گیا کہ کسی کے مکان میں داخل ہونے سے پہلے اس سے اجازت حاصل کرو اور سلام کرو۔ اس کے بغیر اس میں داخل مت ہو جاؤ۔ یہ تمہارے حق میں بہتر ہے۔ توقع ہے تم نصیحت حاصل کروگے۔ اگر مکان میں کوئی موجود نہ ہو تو بھی بغیر اجازت کے اندر نہ جاؤ۔ اجازت ملنے ہی پر جاؤ۔ اگر تمہیں واپس جانے کے لیے کہا جائے تو واپس ہو جاؤ (اسے اپنی ہتک نہ سمجھو)۔

اس ہدایت کی حکمت واضح ہے۔ آدمی کا گھر اس کی خلوت کی جگہ ہے۔ جہاں وہ کسی بھی حال میں اور اپنے کسی بھی کام میں مصروف ہو سکتا ہے۔ اس میں بغیر اجازت دخل اندازی بہت سے مفاسد کا سبب بن سکتی ہے۔ کم سے کم بے حجابی کا ماحول تو پیدا ہوتا ہی ہے۔ اسی لیے اس ہدایت کے بعد ارشاد ہوا:

ذَٰلِكُمْ أَزْكَىٰ لَكُمْ وَاللَّهُ يَعْلَمُ وَأَنتُمْ لَا تَعْلَمُونَ۔ (النور:۲۸)

اس میں تمہارے لیے زیادہ پاکیزگی ہے۔ اللہ جانتا ہے اور تم نہیں جانتے۔
اس میں 'ازکی' کا لفظ آیا ہے۔ جس کے معنی بہتر تزکیہ کے ہیں۔

راہ خدا میں استقامت بھی تزکیہ ہے

حضرت موسیٰؑ نے اپنی رسالت کے ثبوت میں معجزات پیش کیے تو فرعون نے انہیں جادو کے کرتب قرار دیا اور ہر طرف سے جادوگروں کو جمع کیا، تاکہ اس کا مقابلہ کریں۔ لیکن جادوگر جیسے ہی میدان میں آئے ان پر یہ حقیقت واضح ہوگئی کہ حضرت موسیٰؑ شعبدہ بازی اور جادوگری کا مظاہرہ نہیں کر رہے ہیں، بلکہ وہ اللہ کے رسول ہیں اور جو معجزات پیش فرمارہے ہیں وہ انسان کی استطاعت سے باہر ہیں۔ چناں چہ وہ بغیر کسی پس وپیش کے ایمان لے آئے اور سجدے میں گر پڑے۔ اس پر فرعون نے انہیں دھمکی دی کہ وہ ان کے ہاتھ پیر کاٹ کر تختۂ دار پر چڑھادے گا۔ اس کے جواب میں انہوں نے بے خوف وخطر کہا کہ جو کچھ تمہیں کرنا ہے کر گزرو۔ ہم تو ایمان لے آئے۔ دعا ہے کہ اللہ تعالیٰ ہماری غلطیوں سے درگزر فرمائے اور تمہارے جبر واکراہ کی وجہ سے ہم نے حضرت موسیٰؑ کے مقابلہ میں آنے کی جو غلطی کی اسے بھی معاف فرمادے۔ (طٰہٰ:۵۶-۷۳)

اس کے بعد ارشاد ہے:

إِنَّهُ مَن يَأْتِ رَبَّهُ مُجْرِماً فَإِنَّ لَهُ جَهَنَّمَ لَا يَمُوتُ فِيهَا وَلَا يَحْيَىٰ وَمَنْ يَأْتِهِ مُؤْمِناً قَدْ عَمِلَ الصَّالِحَاتِ فَأُولَٰئِكَ لَهُمُ الدَّرَجَاتُ الْعُلَىٰ جَنَّاتُ عَدْنٍ تَجْرِي مِن تَحْتِهَا الْأَنْهٰرُ

خَالِدِیْنَ فِیْہَا وَذٰلِکَ جَزَآءُ مَن تَزَکّٰی (طٰہٰ:۷۴۔۷۶)

بے شک جو شخص اپنے رب کے پاس مجرم کی حیثیت سے آئے گا اس کے لیے جہنم ہے، جس میں اسے موت آئے گی اور نہ حیات ملے گی۔ لیکن جو اس کے ہاں ایمان لے کر آئے گا اور اس نے نیک اعمال انجام دیے ہوں گے تو ایسے سب لوگوں کے لیے اونچے درجات ہوں گے۔ قیام کے لیے باغات، جن کے نیچے نہریں بہہ رہی ہوں گی۔ اس میں وہ ہمیشہ رہیں گے۔ یہ جزا ہے اس شخص کی جس نے تزکیہ حاصل کیا (پاک ہوا)

ان آیات کے متعلق ایک رائے یہ ہے کہ یہ جادوگروں ہی کے بیان کا حصہ ہیں۔ دوسری رائے یہ ہے کہ یہ نیا سلسلۂ کلام ہے۔[۱]

ان میں سے جو رائے بھی اختیار کی جائے، بہر حال یہ اوپر کی بحث ہی سے متعلق ہیں۔ ان آیات میں دو اصولی باتیں بیان ہوئی ہیں:

ایک یہ کہ جس نے کفر اور بد عملی کی راہ اختیار کی اور جو مجرم اور خطاکار ہے وہ آخرت میں اللہ کی پکڑ سے بچ نہیں سکتا۔ وہ بدترین اور لامتناہی عذاب میں گرفتار ہو گا اور موت و حیات کی کشمکش سے ہمیشہ دوچار رہے گا۔ اس سے فرعون کا کردار اور اس کا انجام سامنے آتا ہے۔

دوسری بات یہ کہی گئی کہ جو شخص اپنے دامن میں ایمان اور عمل صالح کی دولت لیے ہوئے اللہ کے دربار میں پہنچے گا وہ جنت کے اعلیٰ درجات کا مستحق ہو گا۔ اس کے پس منظر میں جادوگروں کا کردار ہے۔ حق کے واضح ہونے کے بعد انہوں نے جس طرح آگے بڑھ کر اسے قبول کیا، اس کے لیے عزم و ہمت اور استقامت کا

ثبوت دیا اور جان کی بازی لگانے کے لیے بے خوف و خطر تیار ہو گئے، یہ اسی کے انجام کا ذکر ہے۔ بات اس پر ختم ہوئی ہے:

وَذٰلِکَ جَزَآءُ مَنْ تَزَکّٰی۔ یہ جزا ہے اس شخص کی جس نے تزکیہ حاصل کیا۔

یہ اس بات کا بیان ہے کہ جنت کے اعلیٰ درجات تزکیہ ہی سے حاصل ہوتے ہیں۔ ۲

حافظ ابن کثیر اس فقرے کی تشریح میں فرماتے ہیں: "یہ جزا ہے اس شخص کی جس نے اپنے نفس کو گندگی اور خباثت اور شرک سے پاک کیا، اللہ کی عبادت کی، جو وحدہٗ لاشریک ہے، اللہ کے رسولوں کی تعلیمات کی جو خیر و فلاح پر مشتمل ہیں، اتباع کی"۔ ۳

جادوگروں کا قبول حق، ان کی استقامت اور حضرت موسیٰؑ کی اتباع اس بات کا ثبوت تھا کہ ان کو تزکیہ کا یہ اعلیٰ مقام حاصل تھا۔

سیاست کا تزکیہ

زندگی کے اور شعبوں کی طرح سیاست کا بھی تزکیہ ہوتا ہے۔ اللہ کے رسول اس پہلو سے بھی تزکیہ کا فرض انجام دیتے ہیں۔ فرعون، خود کو خدا کا نمائندہ اور اقتدار کا مالک سمجھتا تھا۔ وہ اپنے درباریوں سے کہتا ہے:

یٰٓاَیُّهَا الْمَلَاُ مَا عَلِمْتُ لَکُمْ مِنْ اِلٰهٍ غَیْرِیْ (القصص:۳۸)

اے اہلِ دربار، میں تو اپنے سوا تمھارے کسی خدا کو نہیں جانتا۔

مطلب یہ کہ میں تمہارا 'الٰہ' ہوں۔ یہاں صرف میری فرماں روائی ہو گی۔ لہٰذا تم کسی دوسرے کو الٰہ نہیں قرار دے سکتے۔ حضرت موسیٰ نے اسے الٰہِ واحد کی عبادت کی دعوت دی تو وہ طیش میں آ گیا اور کہا:

لَئِنِ اتَّخَذْتَ إِلَهاً غَیْرِیْ لَاَجْعَلَنَّکَ مِنَ الْمَسْجُونِیْنَ (الشعراء:۲۹)

اگر تو نے میرے سوا کسی دوسرے کو الٰہ بنایا (حاکم ٹھہرایا) تو بے شک تجھے (قید کر دوں گا اور) قیدیوں کے ساتھ ڈال دوں گا۔

ایک اور موقع پر اس کا دعویٰ ان الفاظ میں بیان ہوا ہے:

اَنَا رَبُّکُمُ الْاَعْلیٰ۔ (النازعات:۲۴) میں تمہارا سب سے بڑا رب ہوں۔

اس پس منظر میں، اللہ تعالیٰ نے حضرت موسیٰؑ کو حکم دیا:

اذْہَبْ إِلَی فِرْعَوْنَ إِنَّہُ طَغَیo فَقُلْ ہَل لَّکَ إِلَی اَن تَزَکَّیo وَاَہْدِیَکَ إِلَی رَبِّکَ فَتَخْشَیٰo (النازعات:۱۷-۱۹)

جاؤ فرعون کے پاس، بے شک وہ سرکش ہو گیا ہے۔ اس سے کہو کہ کیا تو اس کے لیے تیار ہے کہ تیرا تزکیہ ہو (اور تو سنور جائے) اور میں تجھے تیرے رب کا راستہ دکھاؤں کہ اس کا تجھے خوف ہو۔

یہ دراصل اس بات کی دعوت تھی کہ خدا صرف ایک ہے اور کسی دوسرے کو خدائی کے دعوی کا حق نہیں ہے۔ اس لیے فرعون کو اپنی مطلق اور بے قید فرماں

روائی سے دست بردار ہو کر خدا کی ہدایت اور اس کے قانون پر عمل کرنا چاہئیے۔ اس میں ایک طرف فرعون کے ربِّ اعلیٰ ہونے کی تردید تھی اور دوسری طرف اسے اسلام قبول کرنے اور اللہ تعالیٰ کی عبادت و اطاعت کی دعوت تھی۔ اسی کو تزکیہ کہا گیا ہے۔

حضرت عبد اللہ بن عباس 'هَلْ لَكَ إِلَىٰ أَنْ تَزَكَّىٰ' کے معنی بیان کرتے ہیں کہ کیا تم اس کے لیے تیار ہو کہ 'لا الٰہ الا اللّٰہ' کی شہادت دو۔ یہی بات عکرمہ نے کہی ہے۔ ابن زید کہتے ہیں: اس سے اسلام مراد ہے۔[۱]

مفسر خازن اس کی تفسیر میں کہتے ہیں کہ کیا تم اس کے لیے آمادہ ہو کہ شرک اور کفر سے پاک ہو جاؤ۔ اس کے یہ معنی بھی بیان ہوئے ہیں کہ تم اسلام لے آؤ اور اپنے عمل کی اصلاح کر لو۔

مزید فرماتے ہیں کہ یہاں خاص طور پر فرعون کا ذکر ہے، حالاں کہ حضرت موسیٰؑ کی دعوت فرعون کی پوری قوم کے لیے تھی۔ اس کی وجہ یہ ہے کہ فرعون ان کا نمایاں فرد تھا، اسے دعوت دینا اس کی قوم کو دعوت دینے کے ہم معنی تھا۔[۲]

یہ ہے وہ تزکیہ جس کا مطالبہ حضرت موسیٰؑ نے فرعون اور اس کی قوم سے کیا تھا۔

تزکیہ خاندانی وراثت نہیں ہے

قرآن مجید نے واضح کیا ہے کہ تزکیہ و طہارت خاندانی وراثت نہیں جو افراد

میں یکے بعد دیگرے منتقل ہوتی چلی جائے، بلکہ اس کا تعلق انسان کے فکر و عمل سے ہے، اس کے لیے اسے سعی و جہد کرنی ہوگی۔ یہود کا خیال تھا کہ وہ حضرت ابراہیمؑ کے بیٹے حضرت اسحٰقؑ کی نسل سے ہیں اور دنیا کی قوموں میں سب سے برتر ہیں۔ وہ کچھ بھی کریں ان کے سارے گناہ معاف ہو جائیں گے۔ اپنی بد عملیوں کی وجہ سے وہ جہنم کے مستحق قرار بھی پائے تو چند ہی روز میں پاک صاف ہو کر جنت میں پہنچ جائیں گے۔ اسی طرح نصاریٰ نے حضرت مسیحؑ کو ابن اللہ قرار دے رکھا تھا۔ وہ سمجھتے تھے کہ حضرت مسیحؑ پر ایمان لانا نجات کے لیے کافی ہے:

وَقَالَتِ الْيَهُودُ وَالنَّصَارَىٰ نَحْنُ أَبْنَاءُ اللَّهِ وَأَحِبَّاؤُهُ (المائدہ:۱۸)

یہود اور نصاریٰ نے کہا کہ ہم اللہ کے بیٹے اور اس کے محبوب ہیں۔

قرآن مجید نے اس نامعقولیت کی جگہ جگہ تردید کی ہے۔ ایک موقع پر فرمایا:

أَلَمْ تَرَ إِلَى الَّذِينَ يُزَكُّونَ أَنفُسَهُمْ بَلِ اللَّهُ يُزَكِّي مَن يَشَاءُ وَلَا يُظْلَمُونَ فَتِيلًا (النساء:۴۹)

کیا تم نے ان لوگوں کو نہیں دیکھا جو اپنے آپ کو پاکیزہ کہتے ہیں۔ حالانکہ اللہ جس کا چاہتا ہے تزکیہ کرتا ہے اور ان پر ذرہ برابر ظلم نہ ہوگا۔

تزکیہ کی طلب ضروری ہے

سورۂ عبس کی ابتدائی آیات سے واضح ہے کہ تزکیہ کے لیے طلب کا پایا جانا ضروری ہے۔ ان آیات کے ذیل میں تفسیر کی کتابوں میں مختلف سندوں سے جو

واقعہ نقل ہوا ہے اس سے ان کے سمجھنے میں مدد ملتی ہے۔ ۲۲

واقعہ کی تفصیل یہ ہے کہ رسول اللہ ﷺ قریش کے سرداروں کے ساتھ گفتگو میں مصروف تھے اور ان کے سامنے دعوت دین پیش فرمارہے تھے۔ اسی دوران میں حضرت عبداللہ بن ام مکتومؓ پہنچ گئے۔ وہ اسلام لاچکے تھے۔ اس وقت ان کا مقصد اپنی اصلاح و تربیت کے لیے ہدایات حاصل کرنا تھا۔ چناں چہ وہ پہنچتے ہی اس کی درخواست کرنے لگے۔ وہ نابینا تھے اس لیے انہیں اندازہ نہ ہوسکا کہ آپ اس وقت سردارانِ قریش سے اہم دعوتی گفتگو میں مشغول ہیں۔ آپ کو ان کی مداخلت ناگوار گزری۔ اس پر حسب ذیل آیات نازل ہوئیں:

عَبَسَ وَتَوَلَّىٰo اَن جَاءَ هُ الْاَعْمَىٰo وَمَا يُدْرِيكَ لَعَلَّهُ يَزَّكَّىٰo اَوْ يَذَّكَّرُ فَتَنفَعَهُ الذِّكْرَىٰo اَمَّا مَنِ اسْتَغْنَىٰo فَاَنتَ لَهُ تَصَدَّىٰo وَمَا عَلَيْكَ اَلَّا يَزَّكَّىٰo وَاَمَّا مَن جَاءَكَ يَسْعَىٰo وَهُوَ يَخْشَىٰo فَاَنتَ عَنْهُ تَلَهَّىٰo (عبس:۱-۱۰)

ترش رو ہوا اور بے رخی برتی اِس بات پر کہ وہ اندھا اُس کے پاس آگیا۔ تمھیں کیا خبر، شاید وہ سدھر جائے یا نصیحت پر دھیان دے اور نصیحت کرنا اس کے لیے نافع ہو؛ جو شخص بے پروائی برتتا ہے اس کی طرف تو تم توجہ کرتے ہو، حالاں کہ اگر وہ نہ سدھرے تو تم پر اس کی کب ذمہ داری ہے؟ اور جو خود تمہارے پاس دوڑا آتا ہے اور ڈر رہا ہے، اُس سے تم بے رخی برتتے ہو۔

حضرت عبداللہ بن ام مکتوم کے اندر دین کا علم حاصل کرنے اور اپنی اصلاح کی طلب تھی، وہ تزکیہ حاصل کرنا چاہ رہے تھے، اسی لیے دوڑے ہوئے آئے۔ فرمایا گیا کہ ان سے بے توجہی صحیح نہیں ہے۔ یہی طلب آدمی کو تزکیہ کی راہ میں

آگے بڑھاتی ہے اور اللہ تعالیٰ بھی مدد فرماتا ہے۔ اس کا قاعدہ ہے 'یَھْدِیْ اِلَیْہِ مَنْ یُنِیْبُ۔ الشوریٰ:۱۳' (جو اس کی طرف رجوع کرتا ہے اسے وہ راہ دکھاتا ہے)۔

ان آیات میں مزکّی کی یہ ذمہ داری بتائی گئی ہے کہ جس فرد میں تزکیہ کی طلب دیکھے اس کی طرف خاص توجہ دے۔ اس کے مقابلہ میں ان لوگوں کو اہمیت نہ دے جن کے اندر استغنا ہے اور جو کسی ہدایت اور راہنمائی سے خود کو بے نیاز سمجھتے ہیں۔ اگر وہ ہدایت قبول نہ کریں اور ایمان کی دولت سے محروم رہنا ہی پسند کریں تو فرمایا گیا کہ اس میں آپ کا کوئی قصور نہیں ہے۔ آپ کی ذمہ داری دعوت و تبلیغ کی ہے۔ اس کے بعد وہ جو رویہ اختیار کریں اس کے ذمہ دار وہ خود ہیں، آپ نہیں ہیں۔ یہاں 'تزکیہ' سے مراد اللہ پر ایمان لانا اور اس کی ہدایت قبول کرنا ہے۔[۲۴]

شیطان کی اطاعت سے احتراز کیا جائے

تزکیہ کے لیے ضروری ہے کہ اللہ تعالیٰ کی طرف آدمی رجوع کرے، شیطان کی پُر فریب چالوں کو سمجھے اور ان سے دور رہے۔ کسی معاملہ میں اس کے پیچھے نہ چلے۔ اس کی اتباع آدمی کو تزکیہ سے محروم کر دیتی ہے۔ تزکیہ متاعِ دنیا نہیں ہے کہ ہر کس و ناکس کو حاصل ہو جائے، بلکہ یہ محض اللہ تعالیٰ کا فضلِ خاص ہے جو انسان کو عطا ہوتا ہے۔ یہ بات سورۂ نور میں واقعۂ افک کی مناسبت سے بیان ہوئی ہے۔ اس

میں ان لوگوں کے لیے تذکیر اور تنبیہ بھی ہے جو اس میں ملوث تھے۔ ارشاد ہے:

يٰٓاَيُّهَا الَّذِيْنَ اٰمَنُوْا لَا تَتَّبِعُوْا خُطُوٰتِ الشَّيْطٰنِ وَمَنْ يَّتَّبِعْ خُطُوٰتِ الشَّيْطٰنِ فَاِنَّهٗ يَاْمُرُ بِالْفَحْشَاۗءِ وَالْمُنْكَرِ وَلَوْلَا فَضْلُ اللّٰهِ عَلَيْكُمْ وَرَحْمَتُهٗ مَا زَكٰي مِنْكُمْ مِّنْ اَحَدٍ اَبَدًا وَّلٰكِنَّ اللّٰهَ يُزَكِّيْ مَنْ يَّشَاۗءُ وَاللّٰهُ سَمِيْعٌ عَلِيْمٌ (النور:۲۱)

اے لوگو جو ایمان لائے ہو، شیطان کے نقشِ قدم پر نہ چلو، اس کی پیروی کوئی کرے گا تو وہ اُسے فحش اور بدی کا ہی حکم دے گا۔ اگر اللہ کا فضل اور اس کا رحم و کرم تم پر نہ ہوتا تو تم میں سے کوئی شخص پاک نہ ہو سکتا۔ مگر اللہ ہی جسے چاہتا ہے پاک کر دیتا ہے اور اللہ سننے والا اور جاننے والا ہے"۔

حافظ ابن کثیرؒ اس آیت کے آخری حصہ کی تفسیر میں فرماتے ہیں:

"اللہ تعالیٰ جسے چاہتا ہے گناہوں سے توبہ اور رجوع کی، انسانی نفوس کو شرک سے، فسق و فجور سے، ان کے اندر پائی جانے والی گندگی سے اور اخلاق کی پستی سے پاک ہونے کی حسبِ حال توفیق عطا کرتا ہے۔ اس کی توفیق نہ ہو تو کوئی بھی شخص خود سے اپنے اندر تزکیہ اور خیر نہیں پیدا کر سکتا"۔[1]

یہی جذبہ تزکیہ کی اساس ہے۔ اسی سے آگے کی راہیں کھلتی ہیں۔

تزکیہ پر غرور نہ ہو

اگر کسی کو نیکی اور تقویٰ کی سعادت حاصل ہے تو اس کے اندر جذبۂ شکر ابھرنا چاہیے۔ یہ نہ ہو کہ وہ خود کو برتر اور دوسروں کو کم تر سمجھنے لگے اور خود ستائی کے

مرض میں مبتلا ہو جائے۔ ارشاد ہے:

اَلَّذِیْنَ یَجْتَنِبُوْنَ کَبٰٓئِرَ الْاِثْمِ وَالْفَوَاحِشَ اِلَّا اللَّمَمَ اِنَّ رَبَّکَ وَاسِعُ الْمَغْفِرَةِ ہُوَ اَعْلَمُ بِکُمْ اِذْ اَنْشَاَکُمْ مِّنَ الْاَرْضِ وَاِذْ اَنْتُمْ اَجِنَّةٌ فِیْ بُطُوْنِ اُمَّہٰتِکُمْ فَلَا تُزَکُّوْا اَنْفُسَکُمْ ہُوَ اَعْلَمُ بِمَنِ اتَّقٰی (النجم:۳۲)

جو بڑے بڑے گناہوں اور کھلے کھلے قبیح افعال سے پرہیز کرتے ہیں، الاّ یہ کہ کچھ قصور ان سے سرزد ہو جائے۔ بلاشبہ تیرے رب کا دامنِ مغفرت بہت وسیع ہے۔ وہ تمھیں اُس وقت سے خوب جانتا ہے جب اُس نے زمین سے تمھیں پیدا کیا اور جب تم اپنی ماؤں کے پیٹوں میں ابھی جنین ہی تھے۔ پس اپنے نفس کی پاکی کے دعوے نہ کرو، وہی بہتر جانتا ہے کہ واقعی متقی کون ہے۔

آیت کا مطلب یہ ہے کہ اگر آدمی کبائر سے اجتناب کرے تو اللہ تعالیٰ صغائر کو معاف فرما دیتا ہے۔ وہ چاہے تو چھوٹے سے چھوٹے گناہوں کی بھی باز پرس کر سکتا ہے، یہ اس کا فضل خاص ہے کہ وہ اسے نظر انداز کر دیتا ہے۔ لیکن اس کے باوجود آدمی تقویٰ و طہارت اور تزکیہ کا دعوی نہیں کر سکتا۔ اللہ ہی جانتا ہے کہ کس کا کتنا تزکیہ ہوا ہے اور کس کے اندر کتنا تقویٰ پایا جاتا ہے؟ وہ انسان کے حالات سے اس کی پیدائش سے پہلے سے واقف ہے۔ اس کے بعد اس کی جو سیرت اور کردار رہا ہے وہ بھی اس کے علم میں ہے۔ آدمی کا حسنِ عمل اللہ کی توفیق کا نتیجہ ہے۔ اس لیے وہ اسے اللہ کا فضل سمجھے اور اپنا کارنامہ نہ تصور کرے۔

تزکیہ اپنے فائدے کے لیے ہے

یہ بات ہر گز فراموش نہیں ہونی چاہئیے کہ اگر آدمی اپنا تزکیہ کرتا ہے، دینی اور اخلاقی اعتبار سے ترقی کرتا ہے اور راہ راست پر گام زن ہے تو اللہ تعالیٰ پر یا اس کے رسول پر کوئی احسان نہیں کرتا ہے، اس میں خود اس کا فائدہ ہے۔ اس سے اس کی حیات دنیا گندگی سے پاک ہوگی اور وہ آخرت میں کامیابی سے ہم کنار ہوگا۔ سورۂ فاطر میں ایک جگہ فرمایا گیا کہ آخرت میں کسی کا بوجھ کوئی نہیں اٹھائے گا، گناہ گار اپنے رشتہ داروں کو مدد کے لیے آواز دے تو وہ بھی اس کی طرف متوجہ نہ ہوں گے ۔اس کے بعد ارشاد ہے:

إِنَّمَا تُنذِرُ الَّذِيْنَ يَخْشَوْنَ رَبَّهُم بِالغَيْبِ وَاَقَامُوا الصَّلٰوةَ وَمَن تَزَكّٰى فَإِنَّمَا يَتَزَكّٰى لِنَفْسِهٖ وَإِلَى اللّٰهِ الْمَصِيْر (فاطر:۱۸)

(اے نبیؐ) تم صرف انہی لوگوں کو متنبہ کر سکتے ہو جو بے دیکھے اپنے رب سے ڈرتے ہیں اور نماز قائم کرتے ہیں، جو شخص بھی پاکیزگی اختیار کرتا ہے اپنی ہی بھلائی کے لیے کرتا ہے اور پلٹنا سب کو اللہ ہی کی طرف ہے۔

حقیقت یہ ہے کہ تزکیہ میں آدمی کا اپنا ہی فائدہ ہے، اللہ تعالیٰ اس کا محتاج نہیں ہے۔ ہاں جب وہ گناہوں سے پاک صاف ہو کر اللہ کے دربار میں پہنچے گا تو اس کے بے پایاں اجر و ثواب سے وہ بہرہ ور ہوگا۔

سورۂ عنکبوت میں یہی بات ایک دوسرے سیاق میں بیان ہوئی ہے کہ کوئی شخص اللہ کا دین قبول کرتا ہے، اس کے لیے جد و جہد کرتا اور اپنی توانائی صرف کرتا

ہے، تکلیفیں برداشت کرتا، قربانیاں دیتا اور استقامت کا ثبوت فراہم کرتا ہے تو اس میں خود اس کا فائدہ ہے۔ اللہ تعالیٰ کو اس کی حاجت نہیں ہے۔ وہ کسی کے ایمان اور حسنِ عمل کا محتاج نہیں ہے۔ ارشاد ہے:

وَمَن جَاہَدَ فَإِنَّمَا يُجَاہِدُ لِنَفْسِہِ إِنَّ اللَّہَ لَغَنِیٌّ عَنِ الْعَالَمِيْنَ (العنکبوت:٦)

اور جو جدوجہد کرتا ہے وہ اپنے فائدے کے لیے جدوجہد کرتا ہے۔ بے شک اللہ جہاں والوں سے بے نیاز ہے۔

تزکیہ کی سعی کی جائے

ایک اہم سوال یہ ہے کہ تزکیہ کون کرے؟ قرآن مجید سے معلوم ہوتا ہے کہ ہر شخص کو اپنے تزکیہ کی خود کوشش کرنی چاہئیے۔ جو اپنا تزکیہ کرے گا وہ فوز و فلاح سے ہم کنار ہوگا۔ ارشاد ہے۔ قَدْ اَفْلَحَ مَنْ تَزَکّٰی۔ الاعلیٰ:١٤(بے شک وہ کامیاب ہوا جس نے اپنا تزکیہ کیا) اس مفہوم کی متعدد آیات اسی مضمون میں گزر چکی ہیں۔ ان میں انسان کی ذمہ داری قرار دی گئی ہے، کہ وہ اپنے نفس کا تزکیہ کرے، اسے ہر طرح کی آلائشوں سے پاک رکھے اور اعلیٰ اوصاف سے آراستہ کرے۔ اس پہلو سے تزکیہ آدمی کا ذاتی عمل ہے۔ اگر اس کے اندر اس کا عزم و حوصلہ نہیں ہے تو تزکیہ حاصل نہیں ہو سکتا۔

رسول اللہ ﷺ نے امت کا تزکیہ فرمایا

اللہ تعالیٰ کی طرف سے حضرت محمد ﷺ تزکیہ پر مامور تھے۔ آپ اس امت کے مربّی اول اور مزکّیِ اعظم تھے۔ آپ نے اپنے ماننے والوں کے فکر و عمل کی اصلاح کی، اللہ سے ان کا تعلق مضبوط کیا، ان کے اندر آخرت کی فکر پیدا کی، انہیں اعلیٰ اخلاق سے آراستہ کیا، ان میں وہ خوبیاں اور صفات پیدا کیں جو مطلوب تھیں، انہیں 'خیر امت' کے مقام تک پہنچایا اور دنیا کی امامت و قیادت کے قابل بنایا۔ امت کے لیے آپ مجسم اخلاص اور اس کے ایک ایک فرد کے خیر خواہ تھے۔ سب ہی کو آپ کی محبت حاصل تھی۔ بعض لوگ اس معاملہ میں شک وشبہ پیدا کرنے کی کوشش کر رہے تھے۔ قرآن نے اس کی تردید کی اور کہا کہ منصب نبوت اس سے بالاتر ہے کہ اس طرح کے شبہات کیے جائیں۔ یہ اللہ تعالیٰ کا اہل ایمان پر احسان ہے کہ اس نے ان ہی میں ایک فرد کو ان کی ہدایت و راہنمائی اور اصلاح و تربیت کے لیے مبعوث فرمایا۔ (آل عمران:۱۶۳-۱۶۴) یعنی ایمان کا تقاضا ہے کہ اس احسان عظیم کی قدر کی جائے اور اس سے فائدہ اٹھایا جائے۔

تزکیہ اللہ عطا کرتا ہے

تزکیہ حقیقی معنیٰ میں اللہ کا انعام ہے۔ اس کی توفیق ہی سے انسان کا تزکیہ ہوتا ہے۔ اسی لیے فرمایا گیا کہ تزکیہ اپنی برتری کے دعووں سے حاصل نہیں ہوتا بَلِ اللّٰہُ یُزَکِّیْ مَنْ یَّشَآءُ: النساء:۴۹۔ (بلکہ اللہ جس کا تزکیہ چاہتا ہے اس کا تزکیہ ہوتا ہے)

تزکیہ کا تعلق آخرت سے بھی ہے۔ اللہ تعالیٰ اپنے مخلص بندوں کو خامیوں اور لغزشوں سے پاک صاف کر کے جنت میں پہنچائے گا۔ جو لوگ آخرت کے مقابلہ میں دنیا کو ترجیح دیں اور مفادِ دنیا کی خاطر اپنے دین کو فروخت کر دیں انھیں اللہ تعالیٰ کی طرف سے یہ تزکیہ حاصل نہ ہو گا۔ یہود اپنے کردار سے اس بات کا ثبوت فراہم کر رہے تھے کہ وہ اس تزکیہ کے مستحق نہیں ہیں۔ ارشاد ہے:

إِنَّ الَّذِيْنَ يَكْتُمُوْنَ مَا اَنزَلَ اللّٰهُ مِنَ الْكِتَابِ وَيَشْتَرُوْنَ بِهٖ ثَمَناً قَلِيْلاً اُولَئِكَ مَا يَاْكُلُوْنَ فِيْ بُطُوْنِهِمْ إِلاَّ النَّارَ وَلاَ يُكَلِّمُهُمُ اللّٰهُ يَوْمَ الْقِيٰمَةِ وَلاَ يُزَكِّيْهِمْ وَلَهُمْ عَذَابٌ اَلِيْمٌ

(البقرہ:۱۷۴)

بے شک جو لوگ چھپاتے ہیں اللہ کی نازل کردہ کتاب کو اور اس کے عوض تھوڑی سی قیمت وصول کرتے ہیں وہ اپنے پیٹ میں صرف جہنم کی آگ بھرتے ہیں ۔ قیامت کے روز اللہ ان سے کلام کرے گا اور نہ ان کا تزکیہ (پاک صاف) فرمائے گا اور ان کے لیے دردناک عذاب ہے۔ ۲۵

قرآن مجید میں تزکیہ کی نسبت فرد کی طرف بھی ہے اور رسول خدا ﷺ کی طرف بھی۔ اس کا تعلق اللہ تعالیٰ کی ذات سے بھی ہے۔ ہر فرد بشر سے تزکیہ کا مطالبہ ہے۔ یہ اس کی ذمہ داری ہے کہ وہ اپنا تزکیہ کرے۔ اس کے بغیر وہ فلاح نہیں پا سکتا۔ اس لیے تزکیہ کا مخاطب ہر شخص ہے۔ رسول اللہ ﷺ تزکیہ پر مامور تھے اور آپ نے اس امت کا تزکیہ فرمایا تھا، اس لیے تزکیہ کا حکم آپ سے متعلق ہے۔ اللہ تعالیٰ کی توفیق ہی سے انسان تزکیہ حاصل کر سکتا ہے اس لیے اللہ تعالیٰ کی ذات کی طرف اس کی نسبت کی گئی ہے۔ اسے یوں بھی کہا جا سکتا ہے کہ انسان اپنا

تزکیہ کرتا ہے۔ رسول اللہ ﷺ اس کی راہ نمائی فرماتے ہیں اور اللہ کی توفیق سے تزکیہ حاصل ہوتا ہے۔

تزکیہ ایک وسیع اور ہمہ جہت عمل ہے۔ یہ خدا سے قریب ہونے اور خود کو اس کے حوالہ کر دینے کا نام ہے۔ یہ اپنی شخصیت کو پوری طرح اسلام کے سانچے میں ڈھال دینے کا عمل ہے۔ اس کے لیے مسلسل توجہ اور محنت کے ساتھ اللہ تعالیٰ سے دعا بھی کرنی ہوگی کہ وہ اس مشکل کام میں ہماری مدد فرمائے۔ رسول اللہ ﷺ کی دعاؤں میں سے ایک دعا یہ بھی تھی:

اللھم اٰت نفسی تقواہا وزکّہا انت خیر من زکّٰہا انت ولیہا ومولاہا ۲؎ فاحفظہا بما تحفظ بہ عبادک الصالحین۔۲۶؎

اے اللہ تو میرے نفس کو تقویٰ عطا فرما۔ اس کا تزکیہ فرما۔ تو ہی اس کا سب سے بہتر تزکیہ کرنے والا ہے۔ تو اس کا سرپرست اور مولیٰ ہے تو اس کی اس طرح حفاظت فرما جس طرح اپنے صالح بندوں کی حفاظت فرماتا ہے۔

اللہ تعالیٰ تزکیہ کی نعمت سے ہم سب کو سرفراز فرمائے۔

* * *

حواشی

۱۔ابن منظور کہتے ہیں: اصل الزکاء فی اللغۃ الطہارۃ والنماء والبرکۃ والمدح وکلہ قد استعمل فی القرآن والحدیث، لسان العرب: مادہ زکیٰ، ۱۴/۳۵۸، دار صادر بیروت، ۱۹۹۴ء

۲۔زمخشری، الکشاف عن حقائق غوامض التنزیل: ۴/۷۴۸، دار الکتب العلمیۃ، لبنان، ۱۹۹۵ء

۳۔راغب اصفہانی، مفردات القرآن، مادہ رب، ص ۱۹۰

۴۔نیز ملاحظہ ہو، النجم: ۳۲

۵۔بیضاوی کے الفاظ ہیں: قدّمہ باعتبار القصد واخّرہ فی دعوۃ ابراہیم علیہ السلام باعتبار الفعل۔ تفسیر بیضاوی، ۱/۹۵

۶۔جامع البیان فی تفسیر القرآن، جزء ۳۰، ص۹۹، دار المعارف، بیروت لبنان، ۱۹۷۸ء

۷۔ابن کثیر، تفسیر القرآن العظیم: ۴/۵۰۱، قرطبی، الجامع لاحکام القرآن:

جلد ۱۰، جزء ۲۰، ص ۱۶

۸۔ تفسیر جلالین، تفسیر سورۃ الاعلیٰ

۹۔ قرطبی، الجامع لاحکام القرآن، جلد ۱۰، جزء ۲۰، ص ۱۶

۱۰۔ محمد سلیمان عبد اللہ الاشقر، زبدۃ التفسیر من فتح القدیر (للشوکانی) ص ۸۰۹، کویت ۱۹۸۵ء

۱۱۔ راغب اصفہانی، مفردات القرآن، مادہ 'اثم' ص ۳۳، دار المعرفۃ، بیروت ۱۹۹۸ء

۱۲۔ زمخشری، الکشاف عن حقائق غوامض التنزیل: ۴/ ۵۱۷

۱۳۔ زبدۃ التفسیر من فتح القدیر، ص ۷۴۰

۱۴۔ زمخشری، الکشاف عن حقائق غوامض التنزیل: ۱/ ۴۲۷

۱۵۔ بیضاوی، انوار التنزیل واسرار التاویل: ۱/ ۱۸۸، دار الکتب العلمیہ، لبنان ۱۹۸۸ء

۱۶۔ ملاحظہ ہو راقم کی کتاب، 'انفاق فی سبیل اللہ' شائع شدہ از مرکزی مکتبہ اسلامی پبلشرز نئی دہلی

۱۷۔ بیضاوی، انوار التنزیل: ۲/ ۵۳

۱۸۔ امام رازی فرماتے ہیں۔ دلت ہذہ الاٰیۃ علیٰ ان الدرجات العالیۃ ہی جزاء من تزکیٰ۔ ای تطہر من الذنوب۔ التفسیر الکبیر، جلد ۱۱، جزء ۲۲، ص ۷۹

۱۹۔ وذلک جزاء من تزکیٰ ای طہر نفسہ من الدنس والخبث والشرک وعبد اللہ وحدہ لاشریک لہ واتبع المرسلین فی ماجاء وا بہ من خیر و طلب۔ تفسیر ابن کثیر: ۱۶۰/۳

۲۰۔ ابن جریر، تفسیر جلد ۱۲، جزء ۳۰، ص ۲۵- قرطبی، الجامع لاحکام القرآن جلد ۱۰، جزء ۱۹، ص ۱۳۱

۲۱۔ خازن، لباب التنزیل مع تفسیر البغوی: ۳۶۱/۶

۲۲۔ علامہ قرطبی اس ذیل میں لکھتے ہیں: روی اہل التفسیر اجمع۔ یعنی اس واقعہ کی روایت تمام مفسرین نے کی ہے، پھر اس کی تفصیل بیان کی ہے۔ تفسیر قرطبی جلد ۱۰، جزء ۱۹، ص ۱۳۸۔

۲۳۔ بغوی کہتے ہیں: (وما علیک الاّ یزکیٰ)، ان لا یؤمن ولا یہتدی ان علیک البلاغ۔ یہی بات خازن نے کہی ہے۔ تفسیر الخازن مع تفسیر البغوی: ۳۶۶/۶۔ نیز ملاحظہ ہو قرطبی، تفسیر جلد ۱۰، جزء ۱۹، ص ۱۴۰

۲۴۔ ابن کثیر، تفسیر القرآن العظیم: ۲۷۵/۳

۲۵ یہی بات سورۂ ال عمران (آیت نمبر ۷۷) میں بھی کہی گئی ہے۔

۲۶ مسلم، کتاب الذکر والدعاء۔ مسند احمد: ۴/ ۱۷۳، نسائی، کتاب الاستعاذہ، باب الاستعاذۃ من العجز

۲۷ مسلم، کتاب الذکر والدعاء

* * *

ماخذ: تحقیقات اسلامی مجلہ

شمارہ: جولائی۔ ستمبر و اکتوبر۔ دسمبر ۲۰۰۷

* * *